Yayo y las verduras

Kathy Furgang
ilustrado por Chris Vallo

A Yayo no le gusta para nada comer verduras.

—Por favor, Yayo, debes comerlas. Te ayudan a estar sano. Come un poco —le dice su mamá.

A la tarde, Yayo y su mamá visitan a Abu.

Todos están contentos. Se saludan y ríen.

Yayo ve las verduras de Abu.
¡Están enormes! ¡Y coloridas!

Abu sabe mucho.

—¿Puedo ayudarte, Abu? —dice Yayo, tímido.

—¡Sí! Ayúdame a juntar las verduras —dice Abu.

Yayo pela el maíz. Abu corta el chile. Los dos ponen la mesa.

¡A comer! ¡Todo se ve muy rico!

A Yayo le gusta comer verduras.